《編成と使用音域》

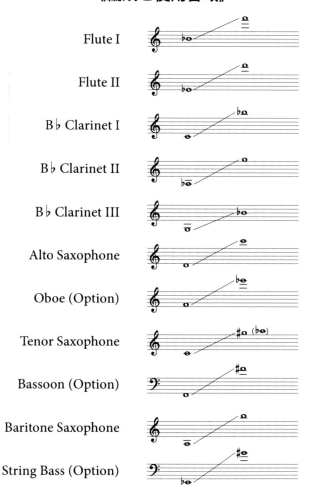

《楽曲について》

　アルビノーニはイタリアのバロック音楽作曲家。生前執筆した多くの曲はほとんどがオペラでしたが、器楽曲は現在でも有名な作品として親しまれています。

　この曲の魅力はなんといっても何百年に渡り時が経っても色あせないところ。その証拠にテレビや映画などでも頻繁に使用され、初めて聴く人にもスッと心に寄り添う音列は、切ない中にも力強い芯が感じられます。元々は弦楽とオルガンのために書かれましたが、管楽器で奏でるとより一層音に厚みが生まれ、強弱も幅広く表現しやすいでしょう。

《演奏アドバイス》

この曲を演奏するにあたり、重要なポイントとして
・主旋律のフレーズの長さを考える
・主旋律に対する、副旋律のバランス
・曲全体の構成（山場の場所）を全員で統一する
このような点に配慮して演奏してみてください。

　暗い調性（短調）は和音を合わせるのが大変だと思われがちですが、音程をきっちり合わせにいくことよりも、短調の持つ雰囲気を一人ひとりが意識することができれば和音を合わせることは容易だと思いますので、イメージしてみましょう。

　前半にある低音パートのオクターブですが、演奏上困難であれば同じ音域で演奏してもらって構いません。演奏可能であれば後半部分もオクターブにしてみても良いでしょう。

　きっとこの曲だけに限らず、全体的に1つの音符に対する音の長さ・音の響き方を研究して演奏をすることは演奏する曲すべてに繋がると思いますので、実践してみてください。特に、アレンジ物を演奏する際は、CDや動画サイト等、原曲を実際に聴いてみると、イメージしやすく演奏もより濃いものになるでしょう。

（横川 創）

アダージョ
Adagio

トマゾ・アルビノーニ 作曲／横川 創 編曲

Flute I

アダージョ
Adagio

トマゾ・アルビノーニ 作曲／横川 創 編曲

アダージョ
Adagio

トマゾ・アルビノーニ 作曲／横川 創 編曲

アダージョ
Adagio

トマゾ・アルビノーニ 作曲／横川 創 編曲

10

カット不要！

5分で 5min 木管編 Wood
アンサンブルシリーズ

全日本アンサンブルコンテストのルールに沿って、5分以内で演奏できるようにアレンジを施し、だれでも気軽にアンサンブルに挑戦できる8人編成のピース楽譜です。各自でカットを考える手間を省きます！バランスよくいろいろな楽器が登場する初～中級アレンジなので、アンサンブルコンテストに出場するメンバー以外でも気軽に楽しく演奏できます。各パートに出てくる音域がひと目で分かるガイド付き！自分たちのレベルや好みに合わせて選ぶことができます。

〈全曲 A4版／スコア譜／パート譜付き〉

グリーンスリーブス
Greensleeves
イギリス民謡／編曲：関向弥生
木管八重奏（混合）
Flute Ⅰ, Ⅱ ／ B♭ Clarinet Ⅰ, Ⅱ ／ Bass Clarinet
Alto Saxophone (or Oboe) ／ Tenor Saxophone (or Bassoon)
Baritone Saxophone (or String Bass)
［価格］1,800 円＋税　ISBN 978-4-87312-388-2

メイプル・リーフ・ラグ
Maple Leaf Rag
作曲：スコット・ジョプリン／編曲：鹿野草平
木管八重奏
Flute Ⅰ, Ⅱ ／ B♭ Clarinet Ⅰ, Ⅱ ／ Bass Clarinet
Alto Saxophone ／ Tenor Saxophone
Baritone Saxophone
［価格］1,800 円＋税　ISBN 978-4-87312-391-2

スケーターズ・ワルツ
Les Patineurs
作曲：エミール・ワルトトイフェル／編曲：石毛里佳
木管八重奏（混合）
Flute Ⅰ, Ⅱ ／ B♭ Clarinet Ⅰ, Ⅱ, Ⅲ
Alto Saxophone (or Oboe) ／ Tenor Saxophone (or Bassoon)
Baritone Saxophone (or String Bass)
［価格］2,200 円＋税　ISBN 978-4-87312-389-2

トリッチ・トラッチ・ポルカ
Tritsch-Tratsch-Polka
作曲：ヨハン・シュトラウス／編曲：福田洋介
木管八重奏（混合）
Flute Ⅰ, Ⅱ ／ B♭ Clarinet Ⅰ, Ⅱ ／ Bass Clarinet
Oboe (or Alto Saxophone) ／ Bassoon (or Tenor Saxophone)
String Bass (or Baritone Saxophone)
［価格］2,000 円＋税　ISBN 978-4-87312-390-5

ロメオとジュリエット 幻想序曲
Fantasy Overture Romeo And Juliet
作曲：ピョートル・イリイチ・チャイコフスキー／編曲：福田洋介
木管八重奏
Flute Ⅰ, Ⅱ ／ B♭ Clarinet Ⅰ, Ⅱ ／ Bass Clarinet
Alto Saxophone ／ Tenor Saxophone
Baritone Saxophone
［価格］2,000 円＋税　ISBN 978-4-87312-392-9

アダージョ
Adagio
作曲：トマゾ・アルビノーニ／編曲：横川 創
木管八重奏（混合）
Flute Ⅰ, Ⅱ ／ B♭ Clarinet Ⅰ, Ⅱ, Ⅲ
Alto Saxophone (or Oboe) ／ Tenor Saxophone (or Bassoon)
Baritone Saxophone (or String Bass)
［価格］2,000 円＋税　ISBN 978-4-87312-393-6

ALSO

お求めはお近くの楽器店、またはアルソオンラインへ
アルソ出版通信販売部　TEL:03-6908-1121　http://www.alsoj.net

華麗なるクラリネット・アンサンブルの世界

vol.1 コッペリアの円舞曲
L.ドリーブ 作曲
〈クラリネット8重奏〉
E♭Cl / 4B♭Cl / E♭Alto Cl (Option：B♭Cl) /
B♭Bass Cl / E♭Contralto Cl
[定価] 本体価格 1,800円+税

vol.2 ハンガリー舞曲 第6番
J.ブラームス 作曲
〈クラリネット8重奏〉
E♭Cl / 4B♭Cl / E♭Alto Cl (Option：Basset Hrn) /
B♭Bass Cl / Contrabass(Option：E♭Contralto Clarinet)
[定価] 本体価格 1,800円+税

vol.3 子どもの情景
R.シューマン 作曲
知らない国々／珍しいお話／炉ばたで／木馬の騎士
〈クラリネット6重奏〉
3B♭Cl / E♭Alto Cl / B♭Bass Cl / E♭Contralto Cl
[定価] 本体価格 1,600円+税

vol.4 ソナタ「悲愴」第2楽章
L.v.ベートーヴェン 作曲
〈クラリネット8重奏〉
E♭Cl / 4B♭Cl / E♭Alto Cl (Option：B♭Cl) / B♭Bass Cl /
E♭Contralto Cl
[定価] 本体価格 1,600円+税

vol.5 弦楽四重奏曲より 第1楽章
C.ドビュッシー 作曲
〈クラリネット6重奏〉
E♭Cl / 3B♭Cl / E♭Alto Cl / B♭Bass Cl
[定価] 本体価格 2,000円+税

vol.6 6つの四重奏のソナタより 第3番 第1楽章
G.ロッシーニ 作曲
〈クラリネット7重奏〉
E♭Cl / 3B♭Cl / E♭Alto Cl / B♭Bass Cl / E♭Contralto Cl
[定価] 本体価格 1,800円+税

vol.7 「動物の謝肉祭」より
C.サン=サーンス 作曲
序奏とライオンの行進／象／カンガルー／化石／終曲
〈クラリネット8重奏〉
E♭Cl / 4B♭Cl / E♭Alto Cl / B♭Bass Cl / E♭Contralto Cl
[定価] 本体価格 2,000円+税

CD 全曲参考音源付き
Played by Tokyo Clarinet Ensemble

アルソオンラインでCDの試聴ができます
（詳細もこちらへ！）
http://www.alsoj.net/store/magazine/view/28/533

"東京クラリネットアンサンブル"のCD収録曲の中から厳選した作品のシリーズ楽譜!!

東京クラリネットアンサンブルによる参考音源付きで、アンサンブル・コンクールにも最適。

[監修] 藤井一男
[編曲] 大久保圭子
[演奏] 東京クラリネット・アンサンブル
[仕様] A4判（パート譜付き）、CD付き

東京クラリネット・アンサンブル
藤井一男 ／ 加藤明久
佐川聖二 ／ 小倉清澄
中村めぐみ ／ 木村健雄
稲垣征夫 ／ 新井清史
吉田記子 ／ 福島伸夫
他
※曲・編成によってメンバーが異なります

プレイヤーコメント
クラリネットアンサンブルの魅力は、何と言っても同族楽器で広い音域が得られることにあります。また楽器の組み合わせを工夫することによって、少人数でも幅広い音楽を作ることが可能です。
さらに、指揮者なしで自分たちで音楽を作り上げていく楽しみもあります。皆さんも気の合う仲間同士で是非アンサンブルを楽しんで下さい！

東京クラリネット・アンサンブル 代表
藤井一男

お求めはお近くの楽器店、またはアルソオンラインへ　▶アルソ出版通信販売部　TEL:03-6908-1121　http://www.alsoj.net/

カット不要！５分でアンサンブルシリーズ ～木管編～
アダージョ

発行日：2016 年 9 月 20 日　初版

発　行：アルソ出版株式会社
〒 161-0033　東京都新宿区下落合 3-16-10-3F
Tel.03-5982-5420　Fax.03-5982-5458

編　曲：横川 創

楽譜浄書・デザイン・DTP 制作：株式会社 MCS

無断転載、複製、複写厳禁　Printed in Japan　　乱丁、落丁はお取りかえいたします。
ISBN978-4-87312-393-6 C0073 ¥2000E